ÉTUDES PSYCHIQUES

SUR

LA FOLIE

ÉTUDES PSYCHIQUES

SUR LA FOLIE

PAR M. LE Dr MOREAU,

ancien médecin interne de la Maison-Royale de Charenton.

PARIS.

LACOUR ET COMPAGNIE,

RUE MIGNON, 2, PRÈS DE L'ÉCOLE-DE-MÉDECINE.

1840.

ÉTUDES PSYCHIQUES

SUR LA FOLIE.

QU'EST-CE QUE LA FOLIE?

A la vue d'un aliéné, d'un *monomaniaque* surtout, qui ne s'est adressé mille fois cette question? qui ne s'est demandé quel pouvait être le point de départ psychique de ces désordres intellectuels si variés, si profonds, évidens, incontestables et pourtant si difficiles à analyser et dont le *pourquoi* est si difficile à saisir.

Raison et *folie !* Un abîme immense, éternel sépare ces deux mots ou plutôt les idées que ces deux mots représentent; mais, dans une foule de cas, cet abîme nous est caché par les plus spécieuses apparences et tout signe différentiel nous échappe.

§ I".

Que de fois, depuis bientôt quinze années que je me livre à l'étude de l'aliénation mentale, ne me la suis-je pas adressée cette question : qu'est-ce que la folie non plus envisagée dans ses propriétés relatives, et dans ce qui la différencie comme fait mental, de l'action régulière des facultés intellectuelles, mais dans un sens purement *psychologique*.

Pour la résourdre, il était naturel d'avoir recours aux notions reçues touchant les puissances constitutives, essentielles des facultés mentales, *intellectuelles* et *affectives*. Après m'être bien rendu compte de ce que les auteurs désignent sous le nom de sensation, perception, jugement, mémoire, volonté, désir; de ce qu'ils entendent par le moi, la conscience, etc., je cherchai à en faire l'application au délire soit général, soit partiel; je me demandai sous quel rapport un *fou* différait des autres hommes, quelle puissance mentale, chez lui, se trouvait en défaut et par quoi elle était constituée dans un état incompatible avec l'exercice *normal* de l'intelligence?

Or : il est facile de constater le désordre existant dans telle ou telle faculté mentale, de l'analyser, de toucher du doigt, en quelque sorte, la lésion unique ou multiple du mécanisme intellectuel; mais pour cela, on n'a pas soulevé le voile qui couvre la nature psychologique du délire; on est loin, encore, d'avoir découvert le *pourquoi*, un *fou* n'est pas ce que sont tous les autres hommes, ce qui le différencie *essentiellement*, anéantit chez lui la vie *commune*, et ne lui laisse qu'une existence *isolée*, brise tous les liens qui l'unissent à ses semblables, à l'*humanité*.

En effet, est-ce donc, parceque tel individu a des *sensations*, des *perceptions* fausses, que ses jugemens sont erronés, sa mémoire infidèle, ses désirs, ses affections plus ou moins tenaces, emportés, violens, etc.?... A ce compte, qui de nous pourrait se croire exempt de folie? quels sages de l'antiquité ou des temps modernes échapperaient à l'anathême ?

Est-il besoin d'entrer, à ce sujet, dans plus de détails? Nos sensations ne nous trompent-elles pas journellement, celles de la vue sur la couleur, la position, les dimensions réelles des objets, celle de l'ouïe sur l'éloignement, la forme de la cause productive du son?... Le père Mallebranche a consacré tout un volume à la démonstration de ces vérités, en quelque sorte triviales, à force d'être connues.

Que si l'on objecte que « les erreurs que nous attribuons aux sens ne sont point essentielles à leur nature, mais dépendent 1° des conséquences imprudentes tirées de leur témoignage, de nos perceptions acquises qui ne sont point le témoignage direct de nos sens, mais une conséquence que nous en avons tirée, 3° de notre ignorance des lois de la nature, de celles, par exemple, qui règlent la marche des rayons lumineux, des ondulations sonores, etc., etc.... »

Je répondrai qu'il en est absolument ainsi des erreurs des sens, chez les fous, qu'ils perçoivent réellement, voient, entendent, sentent ce qu'ils affirment percevoir, voir, entendre, sentir, de même qu'il est bien réel que cette tour qui est à dix lieues de *moi*, et qui, haute de 200 pieds, ne me paraît en avoir que 100, n'en a réellement que 100 pour mes yeux à cause du degré de divergence des rayons lumineux.

Mais, de même qu'en me persuadant que les 100 pieds expriment *fidèlement* la hauteur de la tour qui en a 200, je suis dans l'erreur, je porte un jugement faux ; de même aussi, l'halluciné n'est dans l'erreur que parce qu'il juge *mal* de ses sensations, en croyant, par exemple, à l'existence réelle, à la présence matérielle d'objets dont il ne possède intellectuellement que l'image ou la représentation. Il est dans le cas où se trouverait un individu qui, dans un spectacle phantasmagorique, se persuaderait que tout ce qu'il voit existe réellement, par cela seul que ses yeux en sont frappés, où, si l'on en croit le philosophe Berkley, nous nous trouvons tous tant que nous sommes qui croyons invinciblement, de sotte et imprudente conviction, que le monde extérieur a une existence positive, sur la foi de nos yeux, de nos oreilles, etc., qui viennent nous former dans l'esprit des *apparences* d'arbres, de maisons, de sons aigus, forts, faibles, etc., etc.

Donc, la fausseté ou l'erreur des sensations ne constituent pas seuls la cause psychologique du délire. Qui ne sait, d'ailleurs, que la plupart de ceux qui ont perdu une jambe, un bras, éprouvent longtemps après des douleurs, des sensations diverses, qu'ils rapportent aux membres qu'ils n'ont plus. Tous les jours, ne s'imagine-t-on pas *voir* des objets, *entendre* des sons, sans perdre la conviction intime que ces sons, ces objets sont purement imaginaires ?

L'altération des sensations ne nous apprend rien sur la *nature intime* du délire. Celle du jugement, de la mémoire, des désirs, des affections, de la conscience, du moi, ne nous en rend pas mieux compte, puisqu'il est évident que l'on peut former des jugemens *erronés*, que la mémoire peut être plus ou moins dégradée, presque entièrement anéantie, sans qu'il y ait folie. Ce n'est pas à la conscience qu'il faut s'en prendre, puisque l'idée de *conscience*, du *moi*, est inhérente à celle de tout acte mental régulier ou irrégulier; que l'une implique l'autre, attendu que perception, jugement, etc., c'est *essentiellement* le moi percevant, jugeant. On ne peut donc exclure le *moi* sans supprimer tout d'un coup l'âme elle-même (1). Ce n'est pas enfin aux affections, à la volonté (2), comme nous nous en convaincrons plus tard, leur *irrésistibilité* apparente ou réelle n'entraîne point nécesairement la déraison ou le délire.

§ II.

Avant d'exposer mon opinion sur la cause du délire, je dois entrer dans quelques considérations déduites de l'examen approfondi des différentes espéces de vésanies.

Je ne puis douter que parmi les faits psychologiques constitutifs de l'âme, il n'en soit un qui n'a pas été aperçu des idéologues anciens ou modernes, autant que

(1) Je me hâte de relever ici l'inexactitude volontaire de cette dernière proposition. En effet, il m'est démontré qu'une lésion de la *volonté* constitue le fait psychologique que nous cherchons. Mais cette lésion n'est pas primitive, et dépend essentiellement d'une circonstance pscyhologique que les auteurs ont omise (et c'est là l'excuse de mon inexactitude), et dans laquelle je trouve la cause *essentielle* du délire.

(2) Pour moi, le mot *âme* est synonyme de *phénomènes intellectuels*, et rien de plus.

je sache du moins, ou, certainement, et sans aucun doute, n'a pu être bien apprécié par eux, n'a pas été vu clairement, distingué nettement de tout autre fait analogue. Et ce même fait, sur lequel il serait difficile d'avoir des idées bien arrêtées, dont on ne saurait guère soupçonner l'existence sans le secours d'aucune notion de pathologie mentale, est révélé tout d'abord par l'étude de la folie; il est, en quelque sorte, à nu dans le délire; il suffit de l'y chercher pour l'y rencontrer.

Le fait de *conscience*, ou le *moi*, présentant plusieurs points d'analogie avec celui dont nous nous occupons, nous croyons devoir rappeler ici ses principaux caractères.

Par la conscience ou le *moi*, nous avons connaissance de nous-mêmes, de ce qui se passe en nous, des différens actes de notre pensée, de nos perceptions, de nos jugemens; etc. Ainsi doit être compris le fait de conscience, le *moi*. Il est ce que nous venons de dire; il n'est rien de plus.

Le *moi* ne s'éteint jamais, ne peut s'éteindre que par l'abolition de l'intelligence même. Car, n'existât-il que de simples sensations, je ne vois pas pourquoi on devrait en nier l'existence, attendu qu'étant comme ces mêmes sensations un fait primitif de l'âme, son existence est parfaitement indépendante de toute autre puissance intellectuelle.

Le *moi* est purement *spéculatif*. Il est de sa nature *infécond*, *stérile* ; c'est-à-dire, qu'aucune conséquence pratique n'en découle. Par lui, nous connaissons que nous percevons, que nous imaginons, etc., et nous ne partons pas de là pour prendre aucune espèce de résolution, une détermination quelconque.

En un mot, le *moi* ne franchit point les limites de la vie individuelle et, en quelque sorte, végétative et brute de l'individu ; il en est le complément.

Mais, est-ce là tout l'homme ? L'homme est-il donc tout entier dans les faits que nous venons d'examiner ?... Non, il y a dans l'homme deux modes d'existence toujours réunis tant que les facultés morales n'ont pas été troublées, mais, pourtant, essentiellement distinctes.

Outre la vie *individuelle*, il y a encore la vie générale ou *commune* dont il jouit en tant que *membre* de la société humaine. Cette dernière n'est autre que la connaissance des rapports qu'il soutient avec ses semblables ; c'est la *conscience* de lui-même, non plus comme individu *isolé*, mais de lui, *partie intégrante* d'un grand tout appelé humanité.

Dans cette *conscience*, dans ce *moi humain*, l'homme *se considère* animé, vivant de la vie de tous les êtres semblables à lui, de la vie de l'humanité. Dès lors, il a cessé d'être isolé à ses propres yeux, de s'appartenir exclusivement ; ses perceptions, ses jugemens, il les *identifie* avec les perceptions, les jugemens d'êtres *autres* que lui-même.

Le *moi humain*, c'est l'individu transformé en l'humanité, c'est l'humanité transformée en l'individu.

De ce *moi*, il résulte nécessairement pour tous les hommes, conformité de connaissances, fusion de jugemens, possibilité de communication, d'échanges réciproques de pensées. C'est le grand lien intellectuel des hommes réunis, *associés*, ce fait moral de l'humanité, ce fait dont on a le sentiment intime, tacite, lorsqu'on dit l'homme, généralement parlant.

Ce *moi*, s'il vient à être suspendu, anéanti, partiellement ou d'une manière générale, dans l'individu, l'homme cesse de participer tout-à-fait, ou seulement sous quelques rapports, à la vie commune ; il est *ma-n aque* ou *monomane*.

La folie *générale* ou *partielle* n'est donc, pour conclure, que la suspension ou l'anéantissement du *moi humain* dans tous les actes de l'intelligence, ou seulement dans une série déterminée de ces actes

Et s'il est vrai que le *moi humain* soit la source nécessaire, la condition psychologique indispensable de la *conformité* des actes intérieurs, comme des actions de l'homme être collectif, il suit que le *fou* qui en est privé ne devra plus avoir, avec les autres hommes aucune *conformité* de pensées ou d'actions, quant à l'origine, du moins, à la cause, au développement de ces pensées et de ces actions.

§ III.

Mais comment le *moi humain* se trouve-t-il dans quelques cas suspendu, anéanti. Quelle est la cause de cette anomalie de l'âme humaine ?...

Nous devons reconnaître d'abord qu'il existe pour nos facultés mentales une sorte d'état *brut* (qu'on me passe l'expression), dans lequel l'intelligence, ou pour parler plus sévèrement, le *quid intellectuale* humain ne consiste qu'en des matériaux isolés, épars, sans ordre et sans lien ; dans lequel les divers actes de l'esprit s'effectuent isolément, sans dépendance réciproque ; perceptions, souvenirs, jugemens, desirs, naissent, se développent pêle et mêle, sans but commun, sans nulle concordance.

La *manie intense* nous offrira un exemple frappant

de cet état, et si nous voulons y prendre garde, nous en trouverons de nombreux vestiges dans l'exercice de nos facultés mentales, durant la veille, ce qui a fait dire à mon savant maître, M. Esquirol, avec beaucoup de justesse, qu'il était peu d'instans de notre vie où chacun de nous ne pût se surprendre en état de *manie* (1).

Nous verrons, en effet, que toutes les opérations mentales s'exécutent, chez le maniaque, comme chez les autres hommes, mais isolément, sans action uniforme et commune à toutes.

Dans l'état de veille, n'avons-nous pas conscience d'une multitude d'idées, de perceptions, qui ne font que

(1) « C'est une chose singulière que la conversation, surtout lorsque la conversation est peu nombreuse. Les rêves d'un malade en délire ne sont pas plus hétéroclites que ce qu'on y dit. Cependant, comme il n'y a rien de décousu, ni dans la tête d'un homme qui rêve, ni dans celle d'un fou, tout se tient aussi dans la conversation ; mais il serait quelquefois bien difficile de retrouver les chaînons imperceptibles qui ont attiré tant d'idées disparates. Un homme jette un mot de ce qui a précédé et suivi, dans sa tête ; un autre en fait autant, et puis attrape qui pourra. Une seule qualité physique peut conduire l'esprit qui s'en occupe à une infinité de choses diverses. Prenons une couleur : le jaune, par exemple ; l'or est jaune, la soie est jaune, le souci est jaune, la bile est jaune, la paille est jaune ; à combien d'autres fils ce fil ne tient-il pas? La folie, le rêve, le décousu de la conversation consistent à passer d'un objet à un autre, par l'entremise d'une qualité commune.

» Le fou ne s'aperçoit pas qu'il en change. Il tient un brin de paille jaune et luisante à la main, et il s'écrie qu'il a saisi un rayon du soleil. Combien d'hommes qui ressemblent à ce fou, sans s'en douter ? et moi-même, peut-être, dans ce moment. »

(Diderot. — *Correspondance.* Lettre xcvii.)

paraître et disparaître dans notre esprit, seules, disparates, ne se rattachant à aucun but fixe, avoué par le sens intime? Lors même que l'esprit est le plus fortement tendu vers un point déterminé, n'est-il pas sans cesse distrait par ces idées qui, comme une nuée d'insectes importuns, bourdonnent à l'entour de lui?

N'arrive-t-il pas encore qu'à la suite d'une longue méditation, par le concours de certaines circonstances, telles que le calme religieux des nuits, ou bien par la seule puissance inexplicable d'une idée, d'une impulsion qui, d'autorité, saisit l'esprit, absorbe toute son énergie, tient captive l'attention par la crainte, la teneur, un vif plaisir, l'enthousiasme, l'admiration, nous soyons tout entiers à une seule pensée, oubliant tout, nous-mêmes pour la contempler, n'existant plus, en quelque sorte, qu'en elle et pour elle? C'est l'état du *monomaniaque* En sorte, qu'il est encore vrai de dire que, dans certains cas, nous pouvons nous surprendre en état de *monomanie.*

Dans l'état *brut*, *amorphe*, l'intelligence possède le *moi* métaphysique. Elle ne saurait le perdre, puisque, comme il a été dit plus haut, ce moi est la condition essentielle de son existence.

Ce n'est que dans l'état parfait, complet, qu'elle possède le moi *humain* qui, lui, n'est *qu'accidentel.*

Ces deux états de l'âme donnent le premier *la folie,* le second la raison ou le *sens commun.*

Nous pouvons donc, en réponse à la question posée ci-dessus, dire que la *pensée délire,* chez le maniaque et le monomaniaque, n'est ce qu'elle est, c'est-a-dire exclusive du moi humain que parce qu'elle est un fait *brut, primitif* de l'intelligence.

En effet, jetez le moi *humain* dans l'intelligence, telle que nous venons de la décrire, à l'état brut, et tout aussitôt ce véritable cahos intellectuel est éclairé, ces matériaux épars se trouvent placés convenablement pour former un édifice régulier, ces forces ou puissances isolées sont réunies, et tendent vers un but commun; de ce moment date véritablement la naissance de l'homme moral, de l'être humain.

L'âme jusqu'alors s'était ignorée elle-même. Dans la puissance de réaction que lui a communiquée le moi humain, se prenant elle et tous ses rapports extérieurs pour objet de son aperception, elle fond en une action unique, en un mouvement général les mouvemens partiels, les divers modes d'activité qu'elle trouve en elle, la perception, les souvenirs, les jugemens, elle les relie entre eux et les faire servir à l'acquisition de ses connaissances.

Nulle harmonie ne saurait résulter d'instrumens divers qui ne seraient pas montés au même diapason, et dont le jeu ne serait pas subordonné a des lois ou règles établies par le compositeur. De même que la *pensée* du compositeur crée l'harmonie, est l'âme d'un concert, de même le *moi humain* est la loi organique, la vie de l'intelligence, le feu sacré qui la vivifie.

Nous en avons assez dit touchant la nature du moi *humain*, ses propriétés, etc., pour sentir que l'idée de liberté morale, de *libre arbitre* s'y rattache essentiellement.

En effet, l'absence du moi humain, l'intelligence ne peut être et n'est réellement qu'une réunion fortuite de forces, de puissances aveugles, sans frein, sans principe fixe de direction. Elle est nécessairement le jouet de la fatalité. Ce que nous avançons est l'expression rigoureuse des faits psycologiques observés dans la folie; en grand, pour ainsi dire, dans le délire général ou la *manie*; en petit dans le délire partiel ou la *monomanie*.

Le moi humain faisant son apparition dans l'âme, aussitôt l'âme, comme nous l'avons dit, s'aperçoit elle-même dans l'*ensemble* de ses facultés; elle en apprécie la valeur, le prix respectif; elle peut, elle veut (1) faire

---

(1) *Elle veut...* C'est alors, effectivement et seulement alors que l'âme a pu *vouloir*, à prendre ce mot dans un sens rigoureux. La *volonté* existe, chez l'*aliéné*, puisqu'il met à exécution, réalise sa pensée, ses conceptions; mais il en en est d'elle comme des autres faits intellectuels; ce n'est point, à proprement parler, un acte, c'est un fait de son intelligence, fait primitif, fait qui découle nécessairement de sa constitution, de sa nature, de son énergie native, et qui ne doit pas lui être imputé plus que les autres faits que l'observation découvre en elle, et dont l'ensemble constitue la matière première ou amorphe qui doit recevoir du moi humain l'organisation et la vie.

Je veux désigner ce fait par le mot *vouloir*, pour le distinguer de ce que l'on entend rigoureusement par celui de *volonté*. En cela, je puis m'appuyer, en partie, sur l'analogie. Ainsi, on ne doit pas confondre ce que l'on désigne par *voir* et *regarder, entendre* et *écouter*; *voir* et *entendre* indiquent un état purement *passif* de l'âme impressionnée de deux manières différentes; *regarder* et *écouter* expriment, au contraire, les *efforts* de l'âme qui *s'applique* à recueillir des sensations. Dans ce dernier cas, elle est toute à ces sensations qui, dans le premier cas, tombent en elle sans qu'elle s'en aperçoive, à peine du moins, et passent fugitives sans laisser de traces.

La *volonté* n'est réellement telle et non simple *vouloir*, qu'autant qu'elle est éclairée, dans son activité, par le *moi humain*.

un choix parmi les différentes pensées qui surgissent
en elle, donner audience à celles-ci, faire taire celles-
là.... Désormais, tout ce qui sortira d'elle sera, en
quelque sorte, frappé au coin de sa *volonté*, revêtu de
sa livrée.

Elle a conscience des rapports qu'elle soutient avec
ce qui est hors d'elle, qui n'est pas elle ; elle se règle,
pour agir, sur la nature de ces rapports. Elle est libre,
elle peut diriger à son gré ses actes intellectuels et
moraux ; par conséquent, ces actes lui appartiennent
essentiellement, elle en est *responsable*.

D'après ces considérations, nous devons comprendre

C'est à cette condition qu'elle contient en elle et suppose absolument l'idée de *liberté*. Que l'on approfondisse ce que c'est que
la volonté, qu'on dissèque, si je puis m'exprimer ainsi, cet acte
de l'esprit, on y trouvera l'âme toute entière, *une* et *multiple*
tout à la fois, perception, jugement, désirs, détermination, ex-
pressions de sa multiplicité ; enfin, conscience, moi humain, ex-
pressions de son *unité*.

Il y a donc *vouloir* et *volonté*. *Vouloir*, fait primitif, con-
stitutif de l'intelligence, fait d'instinct, fatal, nécessaire ; il est
dans la folie ; c'est en quelque sorte la volonté de l'aliéné ;.....
volonté, acte spontané et libre de l'homme raisonnable.

Les résultats extérieurs et sensibles du *vouloir* et de la *volonté*,
c'est-à-dire les actions, sont les mêmes, quoique provenant de
sources différentes. Un acte quelconque ne suppose donc pas exclusivement la *volonté*, il peut encore ne supposer que le *vouloir*. Il importe de ne pas perdre de vue cette distinction, si
l'on veut éviter de confondre les actes d'un agent *libre* avec ceux
d'un agent *nécessité*.

ce qu'est le délire *général* et *partiel* dans sa nature intime ou psychologique.

La pensée délire, par le concours de circonstances spéciales, qui ne sont autres que l'action des causes morbides ou déterminantes de la *folie*, se trouve, dans l'intelligence, comme *fait élémentaire, élément organique*, sinon primitivement et d'une manière permanente, du moins transitoirement.

Elle a une existence isolée, indépendante ; elle est par ce qu'elle est ; elle ne se rattache à aucun autre fait intellectuel ; elle est à elle-même sa raison d'existence. Mais elle ne possède ces caractères que parce qu'elle est *en dehors du moi humain.*

Conséquemment, il impliquerait contradiction de supposer dans l'âme un moyen de l'apercevoir *telle quelle*, de la *juger*, de la *censurer*, ces actes dérivant essentiellement du *moi humain*, dans lequel, comme il vient d'être dit, elle n'est pas comprise.

La *pensée délire* est donc un fait isolé, absolu de l'intelligence. C'est cette même intelligence, c'est l'âme tout entière, l'âme perception, l'âme jugement, l'âme souvenir, l'âme volonté placée sous *l'empire absolu* d'une modification spéciale de son organisme.

Détruire cette pensée, c'est rendre à l'âme le mode d'existence qui lui est commun avec celui de toutes les intelligences en général ; c'est la refaire s'apercevoir de son existence *individuelle* en tant que participant de l'existence *commune* ; renouer les liens qui l'attachent a la société, et que les causes du délire avaient rompus ; c'est lui rendre le moi humain.

Que si nous venons à l'application pratique des considérations auxquelles nous venons de nous livrer, on ne peut dire qu'un halluciné, par exemple, soit *fou*, parce qu'il *ajoute foi* aux mensonges de ses sens, qu'il croit vrais leurs rapports trompeurs. La plupart des hommes ne se trouvent-ils pas dans le même cas ? Combien de gens n'ont-ils pas cru pendant plus ou moins de temps, combien ne croient-ils pas encore faute d'y avoir suffisamment réfléchi, que la tour, qui ne paraît avoir que 200 pieds, n'en a, en effet, que 200, mais le croient fermement, d'une conviction aussi forte, aussi entière que possible? Quelle différence donc entre ces individus et le *fou* halluciné.

C'est uniquement que, chez ce dernier, l'erreur est *invincible*, et qu'il n'en est pas ainsi chez les autres parce qu'ils n'ont pas, comme l'*aliéné*, perdu la conviction *instinctive* et, en quelque sorte, corrective de leur erreur, qu'ils *peuvent* se tromper.

La pensée-délire est *essentiellement exclusive*, *absolue*, *irrésistible*, *fatale* comme la nécessité même. Elle est dans une sphère spéciale qui ne lui permet aucun contact, aucun rapport avec les puissances mentales, l'a soustrait complètement à toute réaction de ces mêmes puissances. Ceci est tellement vrai, qu'admettre la *possibilité* de cette réaction c'est nécessairement détruire l'existence de cette même pensée-délire contre laquelle on veut qu'elle s'opère. Un *fou* (ce mot pris dans son acception rigoureuse) cesse de l'être, dès qu'il se tient dans *le doute* relativement à ce qui faisait l'objet de son délire.

L'étude comparative des facultés morales, dans l'enfance et chez les animaux, ajoute de nouvelles preuves à ce que nous venons de dire.

§ IV.

Nous avons établi que l'état des facultés mentales désigné sous le nom de *folie* était produit par la suspension ou l'anéantissement du *moi humain*. On est tout naturellement porté à conclure, sur la foi de l'analogie, du moins, que certains autres états de l'intelligence qui, comme la folie, diffèrent plus ou moins de l'état *normal* proviennent de la même cause. Et il semble qu'on ne saurait guère en douter effectivement.

On voit le mécanisme intellectuel se simplifier, les facultés morales se rapprocher de l'état primitif et brut que nous avons indiqué plus haut, lorsqu'on les considère dans les classes d'animaux de plus en plus inférieures.

Le *moi* par lequel tout être doué de la vie a conscience des rapports qu'il soutient avec d'autres individus subit une dégradation proportionnelle.

Chez les animaux appartenant aux classes supérieures, il est tel que des relations plus ou moins étendues peuvent encore s'établir entre eux et l'homme.

A des degrés inférieurs, il ne développe plus de rapport que pour les animaux entre eux, et finit par disparaître complètement.

Que si l'on se demande en quoi les animaux, l'enfant que nous avons démontré, plus haut, être le *résumé*, en quelque sorte, de l'animalité, diffèrent de l'homme arrivé au summum de son développement physique et moral, l'on s'apperçoit que c'est par la diminution graduée de leurs rapports, le rétrécissement de leur faculté de relation, faculté qui se perd insensiblement, à mesure que l'on rétrograde dans la série animale, ou que l'on redescend vers les premières périodes de la vie humaine.

Un animal quelconque se rapproche de l'homme, *s'humanise*, si je puis m'exprimer ainsi, en proportion des relations qu'il peut avoir avec lui, qu'il est plus à même de *comprendre* ses désirs, sa volonté; que l'homme est plus à même d'agir sur lui, d'avoir plus de points de contact avec lui, j'ai presque dit, de s'unir à lui mentalement, comme cela se passe de lui à son semblable d'une manière plus complète. Car il ne saurait y avoir ici, de différence que dans l'étendue et non dans la nature des communications, comme cela est évident pour tout le monde.

Sans doute, le *moi* doit être infiniment borné, même chez les plus sociables des animaux, mais cela n'infirme point son existence ni sa décroissance graduée, dans l'échelle animale, s'il est vrai de dire, comme nous l'avons démontré au commencement de ce travail, que les facultés morales, le *quid intellectuale* des *brutes* ne diffèrent de celles de l'homme que par leur moindre développement.

La vie de relation est d'autant plus bornée que l'individu est placé à un degré moins élevé de l'échelle. L'isolement, l'égoïsme sont d'autant plus prononcés, l'existence individuelle se resserre, se rattache par un nombre de liens successivement décroissans à l'existence des masses; la vie se concentre, au point de se confondre, de s'identifier presque avec l'enveloppe matérielle de l'animal, comme dans les polypes.

2, Rue Mignon. — Imprimerie de P. Baudouin.

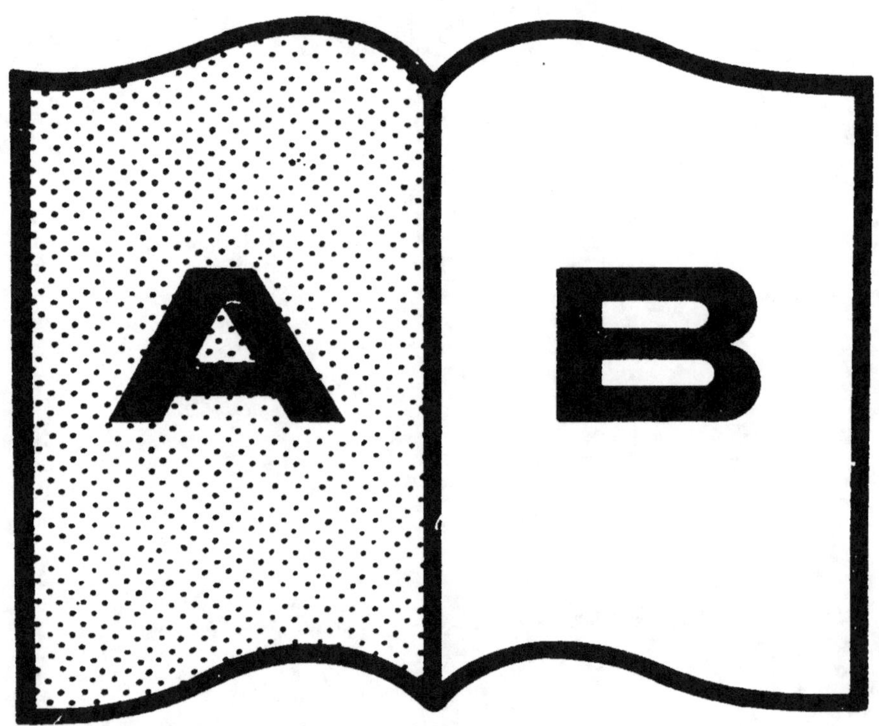

Contraste insuffisant

NF Z 43-120-14